LE TRIPODE

Littératures ■ Arts ■ Ovnis

LE TOUT VA BIEN
[Édition 2015]

Le monde vu à travers des titres de presse.
Une anthologie préparée par Adrien Gingold.

LE TRIPODE

Maquette d'Alma Gromard & Oskar

© Le Tripode, 2014

DES VACHES FLATULENTES ENFLAMMENT LEUR ÉTABLE

[Le Figaro]

DES DEALERS ANNONCENT LA FERMETURE D'UN POINT DE VENTE PAR VOIE D'AFFICHAGE

[Le Parisien]

LÂCHÉES POUR LA PAIX EN UKRAINE, DEUX COLOMBES SE FONT ATTAQUER PAR UN CORBEAU ET UN GOÉLAND

[France TV Info]

APRÈS UNE CHUTE DE VÉLO, IL CONNAÎT UNE ÉRECTION DE SEPT SEMAINES

[Huffington Post]

ACCUSÉ DE RACISME, HARIBO ARRÊTE DES BONBONS NOIRS EN SCANDINAVIE

[Midi Libre]

PARIS : IVRE, IL TENTE D'ÉTEINDRE LA FLAMME DU SOLDAT INCONNU AVEC UN EXTINCTEUR

[Le Bien Public]

NÉE SANS VAGIN, ELLE TOMBE ENCEINTE APRÈS UNE FELLATION

[La Dépêche]

UN GO-FAST EN FAMILLE POUR PAYER LE MARIAGE

[La Dépêche]

ACCRO À L'ESSENCE, IL EST ARRÊTÉ EN TRAIN DE BOIRE À LA POMPE

[Métro]

EN CAVALE DEPUIS 3 MOIS, UN BRAQUEUR ARRÊTÉ EN FAISANT LES SOLDES

[Le Point]

IL TUE SON BEAU-PÈRE EN LUI TIRANT LE SLIP

[La Dépêche]

LA SOUPE N'ÉTAIT PAS CHAUDE : IL SORT LA CARABINE

[Le Bien Public]

UN ARRIÈRE-GRAND-PÈRE RÉCUPÈRE LE MAUVAIS ENFANT À L'ÉCOLE

[Métro]

IL SE TUE EN VOULANT DÉMONTRER QUE LES PISTOLETS SONT SANS DANGERS

[Direct Matin]

IL MEURT LORS D'UN ENTERREMENT

[Le Matin]

LANNEMEZAN. LE DÉTENU SE PREND POUR UN CRABE ET SE BAT AVEC SES GEÔLIERS

[La Dépêche]

DES PROXÉNÈTES SE BATTENT À L'ARBALÈTE DANS LE BOIS DE BOULOGNE

[Direct Matin]

SON COLOCATAIRE LUI PIQUE SA CUISSE DE POULET, IL LE TUE

[Metro]

SUICIDAIRE, IL ESSAYE DE SE FAIRE DÉVORER PAR DES TIGRES... QUI N'EN VEULENT PAS

[Libération]

LANCER DE NAINS : L'INTERDICTION A BRISÉ SA VIE

[La Dépêche]

LE RECTUM DU DÉTENU A LIVRÉ SES SECRETS

[L'Est Eclair]

IL MANQUE DU BACON DANS SON MACDO : ELLE FAIT FEU

[Direct Matin]

EN IRAK, UNE FORMATION AUX ATTENTATS-SUICIDES TOURNE MAL ET FAIT 21 MORTS

[Le Monde]

CORSE : LE GARDIEN DU MUSÉE S'ASSOIT SUR LE FAUTEUIL DE NAPOLÉON ET LE CASSE

[Le Parisien]

DOTÉ D'UNE QUEUE DE 36 CM, IL EST CONSIDÉRÉ COMME UN DIEU VIVANT EN INDE

[La Dépêche]

VESOUL : AGRESSÉE À COUPS DE POULET CONGELÉ

[L'Est Républicain]

IL TENTE UN RETRAIT EN LIQUIDE AVEC UNE CARTE DE KEBAB

[Le Journal du Centre]

MCDONALD'S : LA SERVEUSE METTAIT DE L'HÉROÏNE DANS LES HAPPY MEALS

[La Dépêche]

CAHORS. IL VOULAIT VOTER AVEC SA CARTE DE PÊCHE

[La Dépêche]

SON SCROTUM PÈSE 60 KG : « JE ME SENS PRISONNIER DE MES TESTICULES »

[Sud Info]

FLASHÉ À 154 KM/H POUR FAIRE SÉCHER SA VOITURE

[Le Figaro]

MONS : IL PROSTITUAIT SA FEMME MALADE À DOMICILE ET AVAIT MÊME CRÉÉ DES CARTES DE FIDÉLITÉ !

[Sud Info]

DÉCOUVERTE D'UN NOUVEAU DINOSAURE RESSEMBLANT À UN « POULET DE L'ENFER »

[Le Monde]

DEUX DOIGTS DANS LES FESSES POUR PUNIR SA RIVALE

[Nice Matin]

MULHOUSE : UN TGV ENTRE EN GARE AVEC UN CADAVRE ENCASTRÉ À L'AVANT

[Midi Libre]

EGARÉ, IL SURVIT EN MANGEANT DES MOUCHES DURANT DEUX SEMAINES

[Ouest France]

ABANDONNÉE DANS LES TOILETTES D'UN BURGER KING, ELLE LANCE UN APPEL FACEBOOK POUR RETROUVER SA MÈRE

[France TV Info]

LE LUTTEUR ESSAYE D'ARRÊTER SON ADVERSAIRE EN LUI PÉTANT AU VISAGE : CELUI-CI VOMIT

[Sud Info]

A SAINTE-MAXIME, IL DISSIMULAIT DU CANNABIS DANS SON DENTIER

[Nice Matin]

CANET EN ROUSSILLON : IVRE, SANS CASQUE ET SANS PERMIS, IL PREND LA FUITE SUR UN QUAD, LES GENDARMES LE POURSUIVENT EN TROTTINETTE

[L'Indépendant]

IL SE MASTURBE DEVANT UNE COMMERÇANTE ET REVIENT LUI DEMANDER UN STAGE

[La Dépêche]

IL OUVRE LE FEU POUR DÉFENDRE SA PLACE DE PARKING

[Sud Ouest]

ELLE SE RÉVEILLE À LA MORGUE ET MEURT FRIGORIFIÉE

[20 Minutes]

IL OUBLIE L'HEURE D'ÉTÉ : LA BOMBE EXPLOSE TROP TÔT

[20 Minutes]

IL DÉCAPITE SON AMI AVEC UNE CORDE DE GUITARE ET GARDE LA TÊTE POUR DISCUTER AVEC LUI

[La Dépêche]

UN CROCODILE GRIÈVEMENT BLESSÉ PAR UNE FEMME DE 120 KILOS

[La Nouvelle République]

IL APPELLE SON YORKSHIRE AVEC UN APPEAU

[La République du Centre]

CHARENTE-MARITIME : ELLE CRAQUE UNE ALLUMETTE POUR VOIR S'IL Y AVAIT UNE FUITE DE GAZ

[Sud Ouest]

UN HOMME FAIT UNE TENTATIVE DE VOL ARMÉE AVEC UNE PATATE

[La Presse]

IL PERD À « CALL OF DUTY » ET ENVOIE LA POLICE CHEZ SON ADVERSAIRE

[Le Monde]

ELLE LAISSE SES ENFANTS SEULS PENDANT TROIS JOURS POUR « FAIRE UNE PAUSE »

[RTL]

SEINE-MARITIME. IVRE, IL VOLE UN CAMION DE POMPIERS POUR ESCALADER LE BALCON DE SA PETITE AMIE

[La Dépêche]

IL BRAQUE UN BAR-TABAC... AVEC LE PISTOLET DE SA PLAYSTATION

[Le Nouvel Obs]

LA FAMILLE DU MARIÉ LYNCHE LE DJ

[L'Avenir]

IL EMPAILLE SON CHAT ET LE TRANSFORME EN HÉLICOPTÈRE TÉLÉCOMMANDÉ

[La Dépêche]

UN PROF ACCUSÉ DE VOLER LES VIGNETTES PANINI DE SES ÉLÈVES

[Le Parisien]

ELLE MET LE FEU À SA MAISON EN TENTANT DE TUER UNE ARAIGNÉE

[20 Minutes]

EN CONFLIT AVEC SA FEMME, IL COUPE SON BRACELET ÉLECTRONIQUE POUR RETOURNER EN PRISON

[Le Monde]

MUNICIPALES 2014. CLAUDE BITTE ACCUSE LE MAIRE DE BOURRER LES URNES

[L'Avenir]

IL TUE UNE AUTRUCHE À COUPS DE PELLE ET ACCUSE UN PONEY

[L'Express]

IVRE, IL ESSAYE D'AIDER UN ALLIGATOR À TRAVERSER LA ROUTE

[La Dépêche]

IL CONFOND SON FILS AVEC DES OISEAUX ET TIRE

[Le Figaro]

LE DRAPEAU BELGE EST À L'ENVERS DEPUIS PRESQUE 200 ANS

[France TV Info]

IL TIRE SUR LES POLICIERS AVEC UN PISTOLET CACHÉ DANS SES FESSES

[Metro]

HÉRAULT : LE DÉMÉNAGEUR ENROULE L'ENFANT DANS DU FILM À BULLES ET L'ATTACHE

[Le Midi Libre]

IVRE, IL TENTE DE VOLER DES PALMIERS

[Le Figaro]

TRIBUNAL DE TOULOUSE : L'EXHIBITIONNISTE REFUSE D'ÔTER SON CHAPEAU

[La Dépêche]

IL COMMANDE UN KIT POUR AGRANDIR SON PÉNIS SUR INTERNET ET REÇOIT... UNE LOUPE

[Sud Info]

TRAITÉ POUR DES TROUBLES MENTAUX, IL DEVIENT ACCRO À JOHNNY CASH

[Le Figaro]

IVRE, IL SORT LA TÊTE DU RER POUR VOMIR ET PERCUTE UN POTEAU

[La Dépêche]

PATRICK, ROBOT SIMULATEUR DE TOUCHER RECTAL

[Metro]

IVRE, IL FAIT LA TOURNÉE DES BARS EN TONDEUSE À GAZON

[Metro]

VENU POUR UNE CIRCONCISION, IL REPART SANS PÉNIS

[L'Est Républicain]

LE FACTEUR ÉCRASE LE CHIEN, LA POSTE LEUR OFFRE UN TIMBRE

[Le Journal de Saône et Loire]

POUR ÉVITER L'UKRAINE, UN AVION DE MALAYSIA AIRLINES PASSE AU-DESSUS DE LA SYRIE

[Huffington Post]

CYCLISTE SUR L'AUTOROUTE : ELLE VOULAIT ARRIVER PLUS VITE AU TRAVAIL !

[France Bleu]

FRUSTRÉ, IL PUBLIE LA LISTE DES EXCUSES DE SA FEMME POUR NE PAS FAIRE L'AMOUR

[La Dépêche]

ILS SE BATTAIENT À COUPS DE BÂTON POUR CUEILLIR LES CÈPES EN PREMIER

[La Dépêche]

35 EMPLOYÉS DE DISNEY WORLD ARRÊTÉS POUR PÉDOPHILIE

[Le Nouvel Obs]

ROSERAIE. LES POLICIERS TIRENT SUR UN SUICIDAIRE POUR LUI SAUVER LA VIE

[La Dépêche]

FRAPPÉE PAR LA FOUDRE, ELLE GARDE LES CHEVEUX STATIQUES

[Le Matin]

UN COMBAT DE CANICHES QUI TOURNE AU DRAME

[Le Matin]

23 GRAMMES DE DROGUE CACHÉS ENTRE SES «BOURRELETS»

[Le Monde de Montréal]

IL FILME L'ACCOUCHEMENT DE SA FEMME AVEC UNE CAMÉRA GO-PRO

[Le Nouvel Obs]

L'EXPLOSIF EN SUPPOSITOIRE, PIRE CAUCHEMAR DE LA POLICE DES AIRS ET DES FRONTIÈRES

[Le Figaro]

IL PLAQUE TOUT POUR DEVENIR... UN INDIEN D'AMÉRIQUE

[Le Nouvel Obs]

LE PILOTE DORT, LA COPILOTE JOUE SUR SON IPAD, L'AVION CHUTE

[Le Dauphiné]

IL SIMULE SA MORT POUR ÉCHAPPER À SON MARIAGE

[20 Minutes]

TUÉ PAR UN VIBROMASSEUR COINCÉ DANS SON RECTUM DURANT CINQ JOURS

[La Dépêche]

BRÉSIL : IL MET SON BRACELET ÉLECTRONIQUE SUR UN COQ ET PART VENDRE DE LA DROGUE

[Libération]

UN COUTEAU TOMBE DU CIEL DIRECTEMENT SUR LE CRÂNE D'UN CHINOIS

[20 Minutes]

UN HOMME MEURT DANS L'EXPLOSION DE SA CIGARETTE ÉLECTRONIQUE

[20 Minutes]

LE PARC FERME, LA FAMILLE RESTE BLOQUÉE EN HAUT DE LA GRANDE ROUE

[L'Est Républicain]

TUÉ PAR L'ÂNE QU'IL TENTAIT DE SODOMISER

[Metro]

IL SE TUE PAR ERREUR EN PRENANT UN SELFIE AVEC UNE ARME À FEU

[La Dépêche]

UNE GIRAFE MEURT SUR L'AUTOROUTE, SA TÊTE A HEURTÉ UN PONT

[Le Parisien]

LE PIZZAÏOLO FROTTE SES TESTICULES SUR LA PIZZA

[Metro]

NÎMES : EN FUITE, L'AMANT COCAÏNOMANE DU CURÉ ARRÊTÉ PAR LA POLICE JUDICIAIRE

[Midi Libre]

IL DÉGUISE SON CHIEN EN ARAIGNÉE GÉANTE ET SÈME LA PANIQUE

[L'Est Républicain]

BELGIQUE : IL REFUSE DE SORTIR DE PRISON CAR C'EST LE JOUR DES FRITES

[20 Minutes]

ARNAQUE À RENNES. LE CANNABIS ÉTAIT DU CARAMBAR !

[Ouest France]

RENNES : DEUX MAMIES SE BATTENT DANS UN CIMETIÈRE

[20 Minutes]

POUR SÉDUIRE UNE COLLÈGUE, IL ÉJACULE DANS SON CAFÉ ET SUR SON BUREAU

[France TV Info]

INVITÉ AU MARIAGE, IL VOLE LA CAGNOTTE DES MARIÉS

[20 Minutes]

UN SCIENTIFIQUE RECRÉE UNE TORNADE DANS UN MUSÉE ET BLESSE 12 ÉLÈVES

[20 Minutes]

NUE ET COUVERTE D'HUILE D'OLIVE, ELLE BLESSE DEUX POLICIERS

[Le Parisien]

PESSAC (33) : DEUX VENDEURS DE CÔTES DE BOEUF SE RENTRENT DANS LE LARD

[Sud Ouest]

SOUVENIRS SCOLAIRES D'UN GAUCHER DYSLEXIQUE : « SPIROU M'A ÉVITÉ DE SOMBRER »

[France TV Info]

UN HAMSTER REMPORTE UN CONCOURS DE HOT-DOGS FACE À UN HOMME

[Le Nouvel Obs]

IL S'EXHIBAIT NU SUR SON VÉLO, VÊTU UNIQUEMENT D'UNE CAGOULE TRICOTÉE

[Metro]

LES POLICIERS DÉCOUVRENT 50 CHATS CONGELÉS CHEZ UN PÉDOPHILE PRÉSUMÉ

[Le Monde]

LE CADAVRE DE L'INVITÉ ABANDONNÉ SUR LE PALIER

[Le Figaro]

LE MYSTÈRE DU SON DE CANARD AU MILIEU DE L'OCÉAN ANTARCTIQUE RÉSOLU

[Futura Sciences]

CORÉE DU SUD : UNE PORTE DE TOILETTES PRISE POUR UN DRONE NORD-CORÉEN

[Le Parisien]

BÉARN : ELLE LUI DEMANDE DE PRÉPARER LE BIBERON, IL LA FRAPPE

[Sud Ouest]

DOUAI : IL COUPE DES OIGNONS EN PLEINE NUIT ET HACHE LE BRAS DE SON CONCUBIN

[La Voix du Nord]

CROYANT À UN POISSON D'AVRIL, IL JETTE LE CORPS D'UNE VIEILLE DAME AUX ORDURES

[Metro]

GARD : 38 € D'AMENDE POUR AVOIR TRINQUÉ SUR LA TOMBE DE SON MARI

[Midi Libre]

BATAILLE FAMILIALE POUR LES CENDRES DE MAMIE

[La Nouvelle République]

AUBY : ACCUSÉ D'AVOIR VIOLÉ SA COMPAGNE AVEC UN MIXEUR, IL NIE L'AVOIR ÉTRANGLÉE

[La Voix du Nord]

L'ARMÉE ISRAÉLIENNE PROMET DE NE PLUS S'ENTRAÎNER DANS LES CIMETIÈRES PALESTINIENS

[Le Figaro]

PLAQUÉE APRÈS AVOIR DONNÉ UN REIN : « JE VEUX QU'IL ME LE RENDE »

[7 sur 7]

PAS D'ACCORD SUR LE PROGRAMME TÉLÉ, IL TRANCHE LE DOIGT DE SA FEMME

[Metro]

LA VILLE DE PHILADELPHIE À LA RECHERCHE DE L'HOMME QUI SE MASTURBE AVEC DU FROMAGE SUISSE

[Sud Info]

LE COLOCATAIRE VIOLAIT LEUR BERGER ALLEMAND

[La Dépêche]

ELLE LE POIGNARDE POUR AVOIR OUBLIÉ LES BIÈRES

[Le Figaro]

DES ENFANTS ÉVACUÉS D'UNE PISCINE APRÈS QU'UNE PROTHÈSE DE JAMBE A ÉTÉ PRISE POUR UN PÉDOPHILE

[The Independant]

VIOLENCE À BREST. IVRE, IL JETTE LA LITIÈRE DES CHATS SUR SA MÈRE

[Ouest France]

UN CHÂTEAU GONFLABLE S'ENVOLE À 60 MÈTRES DE HAUT AVEC DEUX ENFANTS À L'INTÉRIEUR

[La Dépêche]

FÊTE DES MÈRES : LE COLLIER DE NOUILLES SE TRANSFORME EN PSYCHODRAME

[France TV Info]

UNE CHILIENNE TUE SON COMPAGNON ET LE FAIT CUIRE

[Libération]

MONTPELLIER : IL TIRE ET TUE LE PETIT CHIEN QUI URINAIT

[Midi Libre]

UN RENARD COUVE DES ŒUFS À LA PLACE D'UNE POULE

[Direct Matin]

IL COURT DERRIÈRE LE BUS ET SE TUE EN PERCUTANT L'ARRÊT

[7 sur 7]

LA FLÈCHE. IL BLESSE GRIÈVEMENT UN JARDINIER À COUPS DE COURGE

[Ouest France]

L'ENFANT MALADE VOMIT : LE CHAUFFEUR DU CAR L'ABANDONNE

[Direct Matin]